Bibliografische Information der Deutschen Nationalbibliothek:

Die Deutsche Bibliothek verzeichnet diese Publikation in der Deutschen National-
bibliografie; detaillierte bibliografische Daten sind im Internet über http://dnb.d-
nb.de/ abrufbar.

Impressum:

Copyright © 2006 GRIN Verlag
Druck und Bindung: Books on Demand GmbH, Norderstedt Germany
ISBN: 9783638925761

Dieses Buch bei GRIN:

https://www.grin.com/document/65208

Johannes Fritsche

Testverfahren im Rahmen der Personalbeschaffung

GRIN Verlag

GRIN - Your knowledge has value

Der GRIN Verlag publiziert seit 1998 wissenschaftliche Arbeiten von Studenten, Hochschullehrern und anderen Akademikern als eBook und gedrucktes Buch. Die Verlagswebsite www.grin.com ist die ideale Plattform zur Veröffentlichung von Hausarbeiten, Abschlussarbeiten, wissenschaftlichen Aufsätzen, Dissertationen und Fachbüchern.

Besuchen Sie uns im Internet:

http://www.grin.com/

http://www.facebook.com/grincom

http://www.twitter.com/grin_com

Johannes Fritsche

REFERAT

Thema:

Testverfahren im Rahmen der Personalbeschaffung

Schriftliche Ausfertigung des Referates für das Seminar PER02 am 20.11. und 21.11.06 in Stuttgart.

Tübingen, den 15. November 2006

Inhaltsverzeichnis..**Seite**

1. Einleitung

1.1. Einführung

Der Erfolg eines Unternehmens steht und fällt mit der Qualifikation seiner Mitarbeiter. Schätzungen zufolge kann der Leistungsunterschied zwischen dem fähigsten Mitarbeiter und dem Mitarbeiter mit der geringsten Qualifikation eines Unternehmens selbst dann mehr als das Doppelte betragen, wenn sie in der gleichen Funktion tätig sind.[1] Neueinstellungen bedeuten für das Unternehmen hohe Investitionskosten und damit verbunden auch immer ein entsprechend hohes Investitionsrisiko. Umso erstaunlicher ist es, dass sich bei Neueinstellungen nach wie vor viele Firmen – vor allem im Mittelstand – nur auf die klassischen Bewerbungsunterlagen und das Vorstellungsgespräch verlassen. Besonders bei der Personalauswahl vom externen Arbeitsmarkt fehlt es oft an brauchbaren und umfassenden Informationen über die Bewerber. Personalentscheidungen werden dann ausschließlich aufgrund weicher Kriterien, wie Eindruck, Umgangsform, Erscheinungsbild oder der umgangssprachlich bekannten „Wellenlänge" getroffen. Je höher eine zu besetzende Stelle in der Unternehmenshierarchie steht, desto größer ist das Risiko einer Fehlbesetzung. Der zusätzliche und ergänzende Einsatz von Testverfahren im Rahmen der Personalbeschaffung kann hier nützliche Dienste leisten. Tests können Informationen liefern, die das Gesamtbild eines Bewerbers ergänzen, bestätigen oder hinterfragen. Risiken können so verringert und der Erfolg des Unternehmens letztlich gesteigert werden.

1.2. Zielsetzung

Dieses Referat soll einen Überblick über die gängigsten Testverfahren im Rahmen der Personalbeschaffung geben. Dazu werden die verschiedenen Arten von Testverfahren vorgestellt und erläutert. Um aus der großen Vielfalt der Testverfahren seriöse und sinnvolle Angebote herausfiltern zu können, sollen die grundsätzlichen Qualitätsmerkmale genannt und beschrieben werden. Zuletzt

---

[1] Vgl. Kanning, Uwe Peter/Holling, Heinz (Hrsg.): Handbuch personaldiagnostischer Instrumente, Göttingen/Bern/Toronto/Seattle 2002, S. 5

werden die wichtigsten rechtlichen und ethischen Fragen der Personaldiagnostik skizziert.

2. Begriffsdefinition und Einordnung

Im allgemeinen Sprachgebrauch wird der Begriff „Test" häufig verwendet, wenn ein Sachverhalt bestätigt, ermittelt oder widerlegt werden soll. Von psychologischem Test spricht man, wenn die psychischen Merkmale eines Menschen genau ermittelt werden sollen.[2] Präziser können Testverfahren im Rahmen der Personalbeschaffung definiert werden, wenn man sie von den anderen Verfahren wie dem Interview, den Tätigkeitssimulationen oder dem Assessment Center abgrenzt. Dann werden unter Tests nur die Instrumente verstanden, mit Hilfe derer psychometrisch vergleichbare und gültige Informationen über Verhalten und Erleben einzelner Personen gewonnen werden können.[3] An anderer Stelle in der Fachliteratur wird der psychologische Test bezeichnet als „ein standardisiertes, routinemäßiges Verfahren zur Messung individueller Verhaltensmerkmale, aus denen Schlüsse auf Eigenschaften der Person oder ihr Verhalten in anderen Situationen gezogen werden können."[4] Es wird also versucht, nicht das Verhalten selbst zu messen, sondern die Faktoren zu bestimmen, die für das entsprechende Verhalten verantwortlich sind.

Einzuordnen sind die Testverfahren im Rahmen der Personalbeschaffung in den Bereich der Eignungsdiagnostik. Diese beschreibt den Vorgang, wie die Eignung eines Bewerbers gemessen wird. Dabei ist Eignung definiert als Grad der Übereinstimmung zweier Merkmalsträger, hier also des Bewerbers und des ausgeschriebenen Arbeitsplatzes. Die Person ist geeignet, wenn ihr Eigenschaftsprofil dem Anforderungsprofil der Stelle in vollem Maße entspricht.[5]

---

[2] Vgl. von Hoyningen-Huene, Gerrick: Der psychologische Test im Betrieb – Rechtsfragen für die Praxis, Heidelberg 1997, S. 22

[3] Vgl. Sarges, Werner (Hrsg.)/Wottawa, Heinrich (Hrsg.): Handbuch wirtschaftspsychologischer Testverfahren, Lengerich/Berlin/Riga/Rom/Wien/Zagreb 2001, S. VII

[4] Schuler, Heinz: Psychologische Personalauswahl. Einführung in die Berufseignungsdiagnostik, Göttingen 1996, S. 101

[5] Vgl. Kampa, Ain: Personalbeschaffung und Personalauswahl, 2. Auflage, Stuttgart 1989, S. 35

3. Arten von Testverfahren im Rahmen der Personalbeschaffung

Testverfahren können auf viele verschiedene Arten klassifiziert werden. So lassen sich Tests zum Beispiel nach der gemessenen Dimension differenzieren. Unterschiedliche Dimensionen können die kognitive Leistung, berufsbezogene Leistung, Interessen, Persönlichkeitsmerkmale, Führungsverhalten oder die Zusammenarbeit in Gruppen sein.[6] Zu jeder dieser Dimensionen können Arten von Testverfahren zusammengefasst werden.

Am stärksten durchgesetzt hat sich in der Fachliteratur die Grobklassifizierung in Leistungstests und Persönlichkeitstests. Im alltäglichen Sprachgebrauch gehört zwar auch der Bereich der Leistung zur Persönlichkeit. Die Psychologie unterscheidet hier aber durchaus sinnvoll zwischen Leistungs- und Persönlichkeitstests, weil jeweils unterschiedliche Reaktionsweisen gefordert sind. Leistungstests sollen ein maximales Verhalten zum Beispiel im Bereich der Intelligenz erfassen. Persönlichkeitstests hingegen sollen ein typisches Verhalten zum Beispiel im Bereich des Charakters erfassen.[7]

Am sinnvollsten empfinde ich die übergeordnete Einteilung in Fähigkeitstests und Persönlichkeitstests. Dabei lassen sich die Fähigkeitstests weiter differenzieren in Intelligenztests, Leistungstests und Arbeitsproben.[8] Im Folgenden werde ich diese Testarten nennen und beschreiben.

3.1. Fähigkeitstests

3.1.1. Intelligenztests

Intelligenztests sind grundsätzlich mit dem Problem behaftet, dass es keine klare Definition des Intelligenzbegriffs gibt. In der Fachliteratur finden sich hierfür unterschiedliche, sogar gegensätzliche Theorien und Annahmen. David Wechsler, der Begründer der modernen Intelligenzmessung, definiert Intelligenz „als die Fähigkeit des Individuums zweckvoll zu handeln, vernünftig zu denken und sich mit

---

[6] Vgl. Kanning, Uwe Peter/Holling, Heinz: Handbuch personaldiagnostischer Instrumente, S. 8-11
[7] Vgl. Sarges, Werner/Wottawa, Heinrich: Handbuch wirtschaftspsychologischer Testverfahren, S. VIII
[8] Vgl. Bartscher, Thomas/Mattivi, Anne: Personalplanung, -beschaffung und -einsatz, Lerneinheit 2 Personalbeschaffung, Stuttgart 2002, S. 42

seiner Umgebung wirkungsvoll auseinander zusetzen."[9] Grundsätzlich messen Intelligenztests das sprachliche Verständnis, die Merkfähigkeit, logisches Denken, räumliches Vorstellungsvermögen und das Beherrschen von Rechenoperationen.[10] Als Ergebnis eines Intelligenztests wurde von Wechsler der Intelligenzquotient („IQ") eingeführt, ein Quotient aus Lebensalter und Leistungsalter. Das Leistungsalter wird auch häufig als Intelligenzalter bezeichnet. Es ergibt sich aus der Anzahl der Aufgaben, die für die jeweilige Altersgruppe als lösbar ermittelt wurde.

Die Aussagekraft des IQ ist in der Fachliteratur umstritten. Einig sind sich die Fachleute darin, dass die allgemeinen kognitiven Fähigkeiten für sich alleine genommen die berufliche Leistung nicht vollständig bestimmen können. Unbestritten ist auch, dass sich Arbeitsplätze finden lassen, bei denen der IQ keine große Entscheidungshilfe darstellt.[11]

Im Vergleich zum IQ hat der sogenannte Prozentrangwert mehr Aussagekraft. Dieser gibt die relative Intelligenzleistung des Einzelnen in Bezug auf eine Vergleichsstichprobe an.[12]

Beispiele für Intelligenztests sind:

- Berliner Intelligenzstruktur-Test (BIS-4)
- Intelligenz-Struktur-Test (I-S-T 2000)
  (siehe Abbildung 1)
- Wilde-Intelligenz-Test (WIT)

Zur Veranschaulichung sind im Folgenden einige typische Aufgaben von Intelligenztests am Beispiel des I-S-T 2000 aufgeführt:

---

[9] Kanning, Uwe Peter/Holling, Heinz: Handbuch personaldiagnostischer Instrumente, S. 125
[10] Vgl. von Hoyningen-Huene, Gerrick: Der psychologische Test im Betrieb, S. 23
[11] Vgl. Kanning, Uwe Peter/Holling, Heinz: Handbuch personaldiagnostischer Instrumente, S. 125
[12] Vgl. von Hoyningen-Huene, Gerrick: Der psychologische Test im Betrieb, S. 24

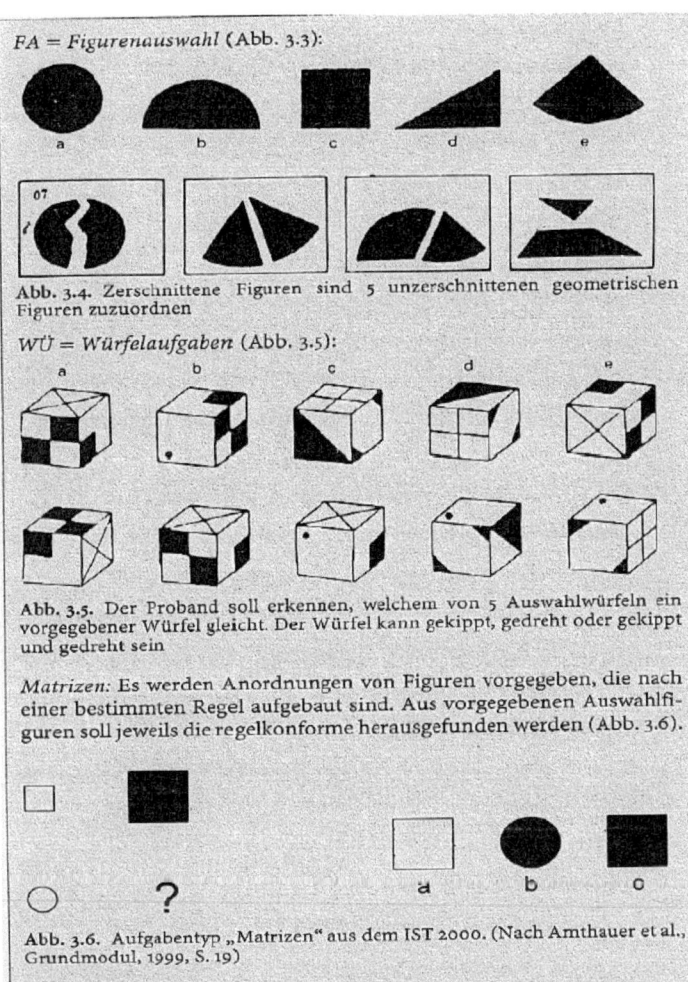

FA = Figurenauswahl (Abb. 3.3):

Abb. 3.4. Zerschnittene Figuren sind 5 unzerschnittenen geometrischen Figuren zuzuordnen

WÜ = Würfelaufgaben (Abb. 3.5):

Abb. 3.5. Der Proband soll erkennen, welchem von 5 Auswahlwürfeln ein vorgegebener Würfel gleicht. Der Würfel kann gekippt, gedreht oder gekippt und gedreht sein

Matrizen: Es werden Anordnungen von Figuren vorgegeben, die nach einer bestimmten Regel aufgebaut sind. Aus vorgegebenen Auswahlfiguren soll jeweils die regelkonforme herausgefunden werden (Abb. 3.6).

Abb. 3.6. Aufgabentyp „Matrizen" aus dem IST 2000. (Nach Amthauer et al., Grundmodul, 1999, S. 19)

Merkfähigkeit (verbal): Während der Lernphase müssen vorgegebene Wörter zu Oberbegriffen eingeprägt werden. Die Prüfung erfolgt durch Vorgabe eines Anfangsbuchstabens und der Frage, zu welchem Oberbegriff das betreffende Wort gehört.
Merkfähigkeit (figural): Während der Lernphase werden Figuren-paare eingeprägt. Die Prüfung erfolgt durch Vorgabe eines der Ele-

Abb.: 1 Beispielaufgaben aus dem Intelligenz-Struktur-Test 2000[13]

---

[13] Aus Amelang, Manfred/Zielinski, Werner: Psychologische Diagnostik und Intervention, 3. Auflage, Berlin/Heidelberg/New York 2002, S. 203

3.1.2. Leistungstests

Im Gegensatz zu den Intelligenztests beziehen sich Leistungstests auf berufsbezogene, spezifische Fertigkeiten. Analog zum großen Spektrum berufsrelevanter Fähigkeiten gibt es eine große Vielzahl an unterschiedlichsten Verfahren. Dabei beziehen sich die Tests sowohl auf handwerkliche oder kaufmännische Berufe als auch auf Tätigkeitsfelder für Akademiker.[14]

Man unterscheidet allgemeine und spezielle Leistungstests. Die allgemeinen Leistungstests untersuchen Merkmale wie Aufmerksamkeit, Konzentrationsfähigkeit oder Ausdauer. Spezielle Leistungstests erfassen besondere Fähigkeiten und fachspezifisches Wissen oder das praktisch-technische Verständnis.[15]

Des Weiteren wird noch zwischen Speed- und Power-Tests unterschieden. Von Speed-Tests spricht man, wenn durch eine begrenzte Zeitvorgabe neben der Leistungsqualität auch die Geschwindigkeit erhoben wird. Bei Power-Tests kommt es dagegen nur auf die Korrektheit der Lösungen an.[16]

Wichtig scheint mir, dass die Leistungstests unbedingt an den Anforderungen des Arbeitsplatzes und damit am Berufsbild ausgerichtet werden. Ein Leistungstest zum Beispiel für Piloten muss anders beschaffen sein als ein Leistungstest für Handwerker.

Beispiele für Leistungstests:

- Revidierter Allgemeiner Büroarbeitstest (ABAT-R)
- Drahtbiegeprobe (DBP)
  (siehe Abbildung 2)
- Mannheimer Test zur Erfassung des physikalisch-technischen Problemlösens (MTP)

---

[14] Vgl. Kanning, Uwe Peter/Holling, Heinz: Handbuch personaldiagnostischer Instrumente, S. 209
[15] Vgl. von Hoyningen-Huene, Gerrick: Der psychologische Test im Betrieb, S. 24
[16] Vgl. Rost, Jürgen: Lehrbuch Testtheorie-Testkonstruktion, Bern/Göttingen/Toronto 1996, S. 45

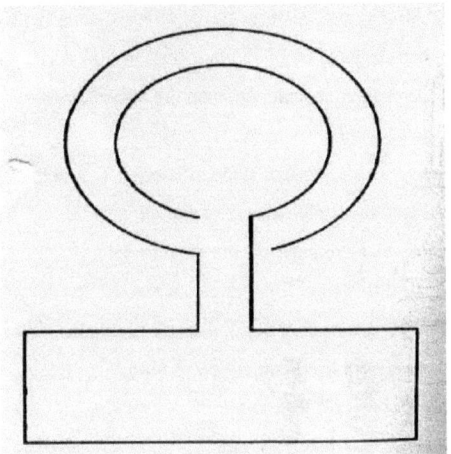

Die obige Figur muss mit einem Stück Draht nachgeformt werden.

Das Ergebnis wird nach unten stehender Abbildung bewertet.

Abb.: 2 Drahtbiegeprobe[17]

---

[17] Aus Pillat, Rüdiger: Neue Mitarbeiter erfolgreich anwerben, auswählen und einsetzen, 5. überarbeitete Auflage, Freiburg im Breisgau 1990, S. 186

3.1.3. Arbeitsproben

Im Gegensatz zu den oben dargestellten Fähigkeitstests, die zu den standardisierten Methoden zählen, bezeichnet man die Arbeitsprobe als „nicht-standardisierte Methode".

Diese lässt im Gegensatz zum klassischen standardisierten Test dem Anwender sehr große Gestaltungsspielräume. Es werden nur die Prinzipien der Vorgehensweise vorgegeben, die dann in der Anwendung mit Leben zu füllen sind. Ein weiteres Kennzeichen der nicht-standardisierten Methoden besteht darin, dass sie nicht als fertige Messinstrumente auf dem Markt zu erwerben sind. Sie müssen erst für jedes Unternehmen bzw. für jede konkrete, personaldiagnostische Frage entwickelt werden.[18]

Arbeitsproben folgen dem Prinzip der simulationsorientierten Diagnostik. Die Leistung des Bewerbers soll hier nicht indirekt über die verbale Äußerung oder Selbstbeschreibung erschlossen werden, sondern durch die Beobachtung des Verhaltens in einer möglichst realistischen Anforderungssituation.

Vor allem bei handwerklichen Berufen wird die Arbeitsprobe eingesetzt. Allerdings gibt es keine fundierten Gründe, die gegen einen Einsatz der Arbeitsprobe in anderen Berufsfeldern sprechen. Entscheidend ist nur, ob sich aus dem fraglichen Arbeitsfeld geeignete Aufgaben für eine Arbeitsprobe entnehmen lassen. Einen Juristen könnte man zum Beispiel bitten, einen konkreten Fall zu bearbeiten oder ein Wirtschaftswissenschaftler könnte eine Kalkulation berechnen. Das Hauptinteresse der Arbeitsprobe liegt nicht wie etwa beim Assessment Center beim Sozialverhalten, sondern bei der Messung der fachlichen Kompetenz.

Generell kann festgehalten werden, dass Arbeitsproben durch die große Nähe der Messsituation und dem tatsächlichen Arbeitsalltag eine gute prognostische Validität (Gültigkeit) aufweisen. Das ist auch

---

[18] Vgl. Kanning, Uwe Peter/Holling, Heinz: Handbuch personaldiagnostischer Instrumente, S. 493

einer der Hauptgründe, warum diese Methode im Allgemeinen bei den Bewerbern eine hohe Akzeptanz genießt. [19]

3.2. Persönlichkeitstests

Für einen langfristigen beruflichen Erfolg ist die fachliche Qualifikation eine wichtige Voraussetzung. In Führungspositionen oder bei anspruchsvollen Aufgaben mit Gestaltungsspielraum sind zusätzlich soziale Kompetenzen und eine mit der angestrebten Laufbahn kompatible Motivstruktur von großer Bedeutung.[20] Bei der Betrachtung von entsprechenden Stellenanzeigen wird dies in den formulierten Anforderungen sehr deutlich.[21] Es findet sich kaum ein Stellenanzeigentext, mit dem nicht ein kontaktfreudiger, flexibler, leistungsmotivierter und teamorientierter Kandidat gesucht wird.

Aus diesem Grund werden im Rahmen der Personalbeschaffung – zwar auf einem niedrigen Niveau – immer mehr Persönlichkeitstests angewendet. Dies ist auch sinnvoll, sind doch Persönlichkeitsmerkmale für die Prognose der beruflichen Leistung kaum weniger wichtig als Leistungsmerkmale. Forschungsergebnisse haben einen beachtlichen Zusammenhang zwischen Berufserfolg und den sogenannten „big five", den großen Persönlichkeitsfaktoren, gefunden. Dazu zählen „Extraversion, emotionale Stabilität, Offenheit für neue Erfahrungen, Gewissenhaftigkeit und Verträglichkeit." [22] Nach Expertenschätzungen scheitern über 90% der Beschäftigungsverhältnisse nicht aufgrund fachlicher Kompetenzen, sondern wegen Unstimmigkeiten von Persönlichkeitsmerkmalen mit den Anforderungen der Arbeitsstelle.

Der Persönlichkeitstest dient also der Erfassung der oben beschriebenen Persönlichkeitsmerkmalen. Dabei kommt es nicht darauf an wie gut der

---

[19] Vgl. Kanning, Uwe Peter/Holling, Heinz: Handbuch personaldiagnostischer Instrumente, S. 525
[20] Vgl. Hossiep, Rüdiger/Paschen, Michael/Mühlhaus, Oliver: Persönlichkeitstests im Personalmanagement, Göttingen/Bern/Toronto/Seattle 2000, S. 1
[21] Vgl. Klinkenberg, Ulrich: Persönlichkeitsmerkmale in Stellenanzeigen für qualifizierte Fach- und Führungskräfte, in: Zeitschrift für Personalforschung, 4, o.O. 1994, S. 401-418
[22] Sarges, Werner/Wottawa, Heinrich: Handbuch wirtschaftspsychologischer Testverfahren, S. VIII

Bewerber etwas tut, sondern auf welche Art und Weise dies geschieht.[23] Die Ziele eines Persönlichkeitstests gliedern sich in mehrere Facetten: Einerseits soll eine Unter- oder Überforderung durch die Tätigkeit vermieden werden. Andererseits soll überprüft werden, ob eine angemessene Integration in das bestehende Arbeitsteam zu erwarten ist und inwieweit der Bewerber zur Kultur und den Werten des Unternehmens passt.[24] Persönlichkeitstests lassen sich in objektive und projektive Verfahren untergliedern:

3.2.1. Objektive Tests

Bei objektiven Tests werden mit Hilfe von Fragebögen fest umschriebene Persönlichkeitsmerkmale und Verhaltensweisen erfasst. Sie enthalten Fragen oder Behauptungen, für die der Proband eine zutreffende Antwort bzw. den Grad der Zustimmung auf einer Skala ankreuzen muss. Ein großer Vorteil dieser Methode ist, dass der Proband den Test selbstständig bearbeiten kann.[25] Bei diesem Testverfahren gibt es für die Interpretation des Ergebnisses eine klare und eindeutige Anweisung. Der Proband selbst kennt das Prinzip des Tests nicht und kann deshalb in der Regel das Ergebnis nicht vorsätzlich beeinflussen.[26]

3.2.2. Projektive Tests

Bei projektiven Tests werden die Reaktionen, die die Probanden während des Testverlaufes äußern, als projizierte Bilder innerer seelischer Vorgänge verstanden. Dem Probanden werden immer wieder meist grafische Darstellungen vorgelegt, die von ihm gedeutet oder weiterentwickelt werden sollen. Ein Testpsychologe versucht

---

[23] Vgl. Amelang, Manfred/Zielinski, Werner: Psychologische Diagnostik und Intervention, 3. Auflage, S. 274

[24] Vgl. Berndt, W./Hossiep, Rüdiger: Einarbeitungskonzepte des Unternehmens – Was die Firma für den Neuen tut, in: Job Fit: Tips für den Karriere-Start, Bd. 3, 1993, S. 81 - 104

[25] Vgl. von Hoyningen-Huene, Gerrick: Der psychologische Test im Betrieb – Rechtsfragen für die Praxis, S. 25

[26] Vgl. Scholz, Christian: Personalmanagement, 5. neubearbeitete und erweiterte Auflage, München 2000, S. 478

dann bei der Auswertung auf verborgene Bereiche der Persönlichkeit zu schließen.[27] Bei dieser Methode hat der Proband allerdings die Möglichkeit, das Ergebnis zu beeinflussen, da er bei den Antworten und Interpretationen gewisse Spielräume hat.[28]

3.2.3. Beispiele für Persönlichkeitstests

Beispiele für Persönlichkeitstests im wirtschaftsbezogenen Kontext sind:

- Der 16-Persönlichkeits-Faktoren-Test (16 PF)
- Das NEO-Fünf-Faktoren-Inventar (NEO-FFI)
- Der mehrdimensionale Persönlichkeitstest für Erwachsene (MPT-E)

4. Qualitätsmerkmale für Testverfahren

Um aus der Fülle der Angebote von Testverfahren eine seriöse Auswahl zu treffen und um Testergebnisse verschiedener Verfahren realistisch bewerten zu können, benötigt man die so genannten Gütekriterien. In der Psychologie gibt es eine ganze Reihe von Kriterien, die Aussagen über die Qualität eines Messinstrumentes ermöglichen. So werden unterschiedliche Instrumente miteinander vergleichbar. Dabei handelt es sich im Wesentlichen um drei Qualitätsmerkmale: die Reliabilität, die Validität und die Objektivität.[29]

4.1. Reliabilität

Die Reliabilität eines Testverfahrens zeigt an wie zuverlässig das Ergebnis ist. Ein Intelligenztest sollte zum Beispiel in der Lage sein, die tatsächliche Intelligenz einer Person möglichst genau zu bestimmen. Bei mehreren Tests derselben Person sollte auch immer das gleiche Ergebnis erzielt werden. Oder es sollte für das Messverfahren keinen Unterschied machen, ob die Intelligenz einer Frau oder eines Mannes bestimmt werden soll. Ein

---

[27] Vgl. von Hoyningen-Huene, Gerrick: Der psychologische Test im Betrieb – Rechtsfragen für die Praxis, S. 26
[28] Kolb, Meinulf: Personalmanagement, 2. aktualisierte und erweiterte Auflage, Berlin 1998, S. 110
[29] Vgl. Kanning, Uwe Peter/Holling, Heinz: Handbuch personaldiagnostischer Instrumente, S. 66

Instrument mit einer optimalen Reliabilität würde also unabhängig von der individuellen Person immer gleich zuverlässig messen. Die Reliabilität wird empirisch untersucht und durch einen Zahlenwert ausgedrückt, den so genannten Reliabilitätskoeffizient. Dieser kann einen Wert zwischen 0 und 1 annehmen. Ein Testverfahren mit einer Reliabilität von 0 wäre der schlimmste Fall. Handelsübliche Testverfahren weisen einen Reliabilitätskoeffizienten zwischen 0,7 und 0,9 aus. Laut Fachliteratur sind solche Werte durchaus zufriedenstellend und rechtfertigen auch die Anwendung des Verfahrens in der Praxis. [30]

4.2. Validität

Eine weitere wichtige Frage für die Beurteilung der Qualität eines Testverfahrens besteht darin, ob das Instrument tatsächlich diejenigen Merkmale des menschlichen Verhaltens erfasst, die es vorgibt messen zu können. Wird zum Beispiel mit der Frage „Mit wie vielen Freunden treffen Sie sich pro Woche?" die Extraversion, die Gedächtnisleistung oder das Wortverständnis des Probanden gemessen? Diese Frage zu klären ist Aufgabe der Validierung eines Testverfahrens. [31]

Ähnlich wie bei der Reliabilität wird die Validität mit Hilfe eines Koeffizienten, dem so genannten Validitätskoeffizienten, beschrieben. Die Werte liegen hier auch zwischen 0 und 1. Die Güte des Testverfahrens ist umso größer, je höher der Zahlenwert ausfällt. Ideal wäre also eine Validität von 1.0, die dann zum Beispiel den beruflichen Erfolg eines Bewerbers zu 100% vorhersagen könnte. Solch ein Wert wird jedoch Utopie bleiben, da das menschliche Verhalten prinzipiell nicht perfekt vorhergesagt werden kann. In der Praxis sind Werte, die bei 0,4 oder darüber liegen bereits als besonders hohe Validitätskoeffizienten zu bewerten. [32]

---

[30] Vgl. Kanning, Uwe Peter/Holling, Heinz: Handbuch personaldiagnostischer Instrumente, S. 67
[31] Vgl. Ebenda, S. 69-70
[32] Vgl. Ebenda, S. 75

4.3. Objektivität

Das Qualitätsmerkmal der Objektivität ist der Grad, in dem das Ergebnis eines Tests unabhängig davon ausfällt, wer ihn durchführt.[33] Wenn diese Objektivität nicht gewährleistet ist, sind entsprechend hohe Messungenauigkeiten zu erwarten.[34] Im Unterschied zur Reliabilität und Validität werden die unterschiedlichen Formen der Objektivität nicht durch einen Zahlenwert, sondern verbal ausgedrückt. In der Praxis werden sie häufig gar nicht erwähnt. Der Anwender ist dann darauf angewiesen, sich selbst ein entsprechendes Urteil zu bilden.[35]

5. Ethische und rechtliche Fragen

Grundsätzlich muss das oberste Gebot der Personaldiagnostik die Verhältnismäßigkeit der Mittel sein. Dabei ist das allgemeine Persönlichkeitsrecht nach Art. 1 Abs. 1 des Grundgesetzes (GG) und die freie Entfaltung der Persönlichkeit nach Art. 2 Abs. 1 GG immer zu berücksichtigen. Tief in die Privatsphäre eines Bewerbers vorzudringen ist weder notwendig noch rechtlich erlaubt. Ein Eingriff in das allgemeine Persönlichkeitsrecht liegt dann vor, wenn in die Individual-, Privat- oder Intimsphäre eingegriffen wird. Da zum Beispiel beim Persönlichkeitstest einige Persönlichkeitsmerkmale der Privat- und Intimsphäre zuzuordnen sind, besteht die Gefahr der Verletzung des allgemeinen Persönlichkeitsrechts.[36]

Der Eingriff in das allgemeine Persönlichkeitsrecht ist dann jedoch gerechtfertigt, wenn der Bewerber in die psychologische Begutachtung einwilligt. Diese Einwilligung ist in § 183 BGB rechtlich geregelt, wobei es nach § 182 Abs. 2 BGB keine Vorschriften über die Form gibt. Es empfiehlt sich allerdings für beide Partner, eine schriftliche Einwilligungserklärung vorzunehmen.[37]

---

[33] Vgl. Lienert, Gustav A.: Testaufbau und Testanalyse, 4. neu ausgestattete Auflage, München/Weinheim 1989, S. 13

[34] Vgl. Rost, Jürgen: Lehrbuch Testtheorie-Testkonstruktion, S. 37

[35] Vgl. Kanning, Uwe Peter/Holling, Heinz: Handbuch personaldiagnostischer Instrumente, S. 78

[36] Vgl. Hossiep, Rüdiger/Paschen, Michael/Mühlhaus, Oliver: Persönlichkeitstests im Personalmanagement, S. 47

[37] Vgl. Gaul, Dieter: Rechtsprobleme psychologischer Eignungsdiagnostik, Bonn 1999, S. 61

In privatrechtlichen Organisationen hat der Bewerber kein Recht auf eine Mitteilung und Erläuterung der Ergebnisse. Es empfiehlt sich allerdings, die Entscheidungsfindung transparent darzustellen. Unterlagen über abgelehnte Bewerber müssen nach § 903 BGB vom Arbeitgeber vernichtet werden.[38] Falls der Bewerber eingestellt wird, muss der Arbeitgeber die Unterlagen zum Gegenstand der Personalakte machen. In diese kann der Arbeitnehmer dann nach § 83 BetrVG jederzeit Einsicht nehmen.[39]

Die Mitwirkungsrechte der Arbeitnehmervertretung sind in diesem Zusammenhang nicht eindeutig geklärt. Grundsätzlich gilt aber, dass der Betriebsrat im Hinblick auf die Gestaltung der Personalauswahl nach § 95 Abs. 1 BetrVG ein Mitbestimmungsrecht besitzt.

6. Schlussbemerkung

Für mich war die Recherche und die Arbeit an diesem Thema ein Ausflug in einen bisher in dieser Dimension unbekannten Bereich der Personalbeschaffung. Aus meiner Sicht ist die Anwendung von Testverfahren, insbesondere die Anwendung von Persönlichkeitstests, mit großer Vorsicht zu genießen. Eine Personalbeschaffung ausschließlich unter zu Hilfenahme von Testverfahren halte ich sogar für außerordentlich falsch. Die beschriebenen Fehler und Unschärfen diverser Testverfahren dürfen letztendlich nicht alleine über eine Personalauswahl, sei es extern oder intern, entscheiden. Eine solche Beurteilung zählt für mich zu dem engeren Kreis von folgenschweren Entscheidungen, die heute täglich in der Wirtschaft getroffen werden. Das andere Extrem, sich alleine auf die menschliche Urteilsbildung zu verlassen, möchte ich jedoch nach diesen Studien ebenso deutlich hinterfragen. Wer aus meiner Sicht glaubt, bei der Beurteilung von Bewerbern allein seiner Wahrnehmung, seinem Instinkt, seiner „Nase" oder seiner Erfahrung vertrauen zu können, der überschätzt die eigene Fähigkeit zur Objektivität enorm.

Wichtig ist aus meiner Sicht auch die Ausbildung der Anwender. Ausgebildete Psychologen wissen um das Zustandekommen der Beschränktheit der Ergebnisse

---

[38] Vgl. Kanning, Uwe Peter/Holling, Heinz: Handbuch personaldiagnostischer Instrumente, S. 91
[39] Vgl. Schuler, Heinz (Hrsg.): Eignungsdiagnostik in Forschung und Praxis, Stuttgart 1991, S. 32

und können sie daher fachlich korrekt beurteilen – im Gegensatz zu einer unreflektierten „Testgläubigkeit".

Eine gute Mischung aus menschlicher Urteilsbildung und sinnvoller fachlich korrekter Anwendung von Testverfahren scheint für mich der richtige Weg zu sein. Die menschliche Urteilsbildung, ergänzt durch psychologisch fundierte Messinstrumente, kann Personalentscheidungen stichhaltiger machen. Je besser sich diese beiden Methoden ergänzen, desto größer wird meiner Ansicht nach der Erfolg der Personalbeschaffung und damit des gesamten Unternehmens sein.

Literaturverzeichnis

Amelang, Manfred/Zielinski, Werner: Psychologische Diagnostik und Intervention, 3. Auflage, Berlin/Heidelberg/New York 2002

Bartscher, Thomas/Mattivi, Anne: Personalplanung, -beschaffung und -einsatz, Lerneinheit 2 Personalbeschaffung, Stuttgart 2002

Berndt, W./Hossiep, Rüdiger: Einarbeitungskonzepte des Unternehmens – Was die Firma für den Neuen tut, in: Job Fit: Tips für den Karriere-Start, Bd. 3, 1993, S. 81 - 104

Gaul, Dieter: Rechtsprobleme psychologischer Eignungsdiagnostik, Bonn 1999

Hossiep, Rüdiger/Paschen, Michael/Mühlhaus, Oliver: Persönlichkeitstests im Personalmanagement, Göttingen/Bern/Toronto/Seattle 2000

Kampa, Ain: Personalbeschaffung und Personalauswahl, 2. Auflage, Stuttgart 1989

Kanning, Uwe Peter/Holling, Heinz (Hrsg.): Handbuch personaldiagnostischer Instrumente, Göttingen/Bern/Toronto/Seattle 2002

Klinkenberg, Ulrich: Persönlichkeitsmerkmale in Stellenanzeigen für qualifizierte Fach- und Führungskräfte, in: Zeitschrift für Personalforschung, 4, o.O. 1994, S. 401 - 418

Kolb, Meinulf: Personalmanagement, 2. aktualisierte und erweiterte Auflage, Berlin 1998

Lienert, Gustav A.: Testaufbau und Testanalyse, 4. neu ausgestattete Auflage, München/Weinheim 1989

Pillat, Rüdiger: Neue Mitarbeiter erfolgreich anwerben, auswählen und einsetzen, 5. überarbeitete Auflage, Freiburg im Breisgau 1990

Rost, Jürgen: Lehrbuch Testtheorie-Testkonstruktion, Bern/Göttingen/Toronto 1996

Sarges, Werner (Hrsg.)/Wottawa, Heinrich (Hrsg.): Handbuch wirtschaftspsychologischer Testverfahren, Lengerich/Berlin/Riga/Rom/Wien/Zagreb 2001

Scholz, Christian: Personalmanagement, 5. neu bearbeitete und erweiterte Auflage, München 2000

Schuler, Heinz (Hrsg.): Eignungsdiagnostik in Forschung und Praxis, Stuttgart 1991

Schuler, Heinz: Psychologische Personalauswahl. Einführung in die Berufseignungsdiagnostik, Göttingen 1996

von Hoyningen-Huene, Gerrick: Der psychologische Test im Betrieb – Rechtsfragen für die Praxis, Heidelberg 1997

BEI GRIN MACHT SICH IHR WISSEN BEZAHLT

- Wir veröffentlichen Ihre Hausarbeit, Bachelor- und Masterarbeit

- Ihr eigenes eBook und Buch - weltweit in allen wichtigen Shops

- Verdienen Sie an jedem Verkauf

Jetzt bei www.GRIN.com hochladen und kostenlos publizieren